Für Lukas und alle
Angsthasen, die TROTZDEM
auf die Suche nach
Abenteuern gehen.

Franziska Ruflair

Adventure Huhn

Adventure Huhn
Text & Zeichnungen: Franziska Ruflair

© Franziska Ruflair & avant-verlag GmbH, 2019
ISBN: 978-3-96445-017-3

Lektorat: Johann Ulrich
Herstellung: Thomas Gilke
Herausgeber: Johann Ulrich

avant-verlag GmbH · Weichselplatz 3–4 · 12045 Berlin
info@avant-verlag.de

Mehr Informationen und kostenlose Leseproben finden Sie online:
www.avant-verlag.de
facebook.com/avant-verlag

Franziska Ruflair

Adventure Huhn

avant-verlag

Du bist leicht ...

... und schön ...

... und NIEMAND hat das Recht, dir etwas anderes zu sagen.

Wenn ich jetzt die Augen öffne ...

... dann bin ich ein Schmetterling!

Was?

In Froschbach.

Da gibt's Seide. Für einen neuen Kokon.

Das heißt, Du kommst mit?

Schätze schon.

Unter Protest.

Ohne dich bräuchte ich nämlich gar keine neue Seide!

JAAAAA!

Wieso willst du überhaupt Abenteuer erleben? Dir geht's doch prima hier.

Meine Motivation liegt in meiner TRAGISCHEN BACK STORY.

Aber darüber reden wir ein andermal.

Komm jetzt!

Zuerst brauchen wir eine Ausrüstung!

Ach so? Und woraus besteht die?

Oh ... Verschiedenes.

Zum Beispiel?

Ähm ...

Es sind Snacks, oder?

Es sind hauptsächlich Snacks. Ja. Entermesser oder Dietriche wären aber auch prima.

Und wo kriegen wir die her?

AU!

Warum musstest du auch singen?

Es war mein Theme song.

Ist er weg?

Ja, er vermöbelt gerade einen Spatz.

Ich glaube, ich bin noch nie so schnell gerannt.

Du hast keine Beine, Susan.

Immerhin haben wir jetzt jede Menge –

Wo sind die Snacks?

Weiß nicht, wovon du sprichst.

Na, DIE Snacks. Die Snacks, für die wir von einem Oger beinahe plattgemacht worden sind. Gerade eben. Die SNACKS halt.

Ooooh. Die hab ich gegessen.

Ich brauchte was für die Nerven.

WAS?!

Du WILLST, dass ich eine Raupe bleibe, oder?

RAUPEN BRAUCHEN GANZ VIEL FUTTER, SONST WACHSEN SIE NICHT UND WERDEN KEINE SCHMETTERLINGE!

Keine Sorge, Susan. Du bist sechsmal so groß wie jede Raupe, die ich kenne.

Ja!!! Und ich bin trotzdem hungrig.

20 Minuten und sechs Sträucher später...

Wir sind satt ...

Eine von uns!

... und motiviert.

Eine von uns!

Auf ins Abenteuer!

Also ... Seide, hm? Was brauchen wir noch?

DIAMANTEN.

In Deinem Kokon waren Diamanten?

Ja.

Hmmmm...

Ja. Okay. Klingt logisch.

Diamanten gibt's bestimmt auch in Frosch-bach.

BUHUUUu

BUHUU

Hm?

Das sollten wir nochmal üben!

Also, ICH bin jedenfalls Prinzessin Molly.

Was hat das Geflügel?

Das wüsste ich schon seit langem ganz gerne.

SUSAN.

ICH BIN NOCH NIE EINER PRINZESSIN BEGEGNET.

Das ist der beste Tag meines Lebens.

Ich glaube, ich habe gerade vor Aufregung ein Ei gelegt.

Huhn.

HUHN!!

Reiß dich mal zusammen.

Ja?

Glaubst du, man begegnet einfach so mitten im Wald einer Prinzessin? Die lügt doch!

BIST DU WIRKLICH EINE PRINZESSIN?

Nun ... ich bin die letzte Überlebende des Froschbachmassakers. Und die Fröschlin sind schon immer eine Monarchie.

Also JA. Natürlich.

KLINGT LOGISCH!!

So geht das aber nicht.

Und jetzt warte ich hier auf einen Prinzen, der mich rettet. Naja. Proaktives Warten.

Falls es euch also nichts ausmachen würde zu verschwinden ... ich arbeite hier an meiner Zukunft.

Moment mal. Froschbachmassaker?

Wie bitte?

Die Tragödie meines Lebens und wieder mal bekommt niemand was mit.

Es geht um ein Familien-erbstück. Ich musste es im Schloss zurücklassen, als ich floh.

Könnt ihr mich ins Schloss bringen?

AUF KEINEN FALL!

KLA-

mmpf...

Was wolltest du sagen, bevor dich der dicke Kloß unterbrochen hat?

Ähm. Klar?

Dann ist es beschlossene Sache!

Meine tapferen Helden und neuen Freunde!

Hörst du, Susan?!

SCHNAPP

Was ist denn jetzt das Erbstück?

Ich glaube, das sehen wir morgen ... Irgendwas Teures vermutlich.

MOAH.

SCHLAFENSZEIT
SLEEPOVER
MIT EINER PRINZESSIN

WUUUP WUUP

Miiiit Susan. Und Huhn.

MIT HUHN UND SUSAN UND EINER MAJESTÄT

OOOH JUNGE

Ich wär jetzt lieber zu Hause.

In meinem Kokon.

Währenddessen ...

Ich versteh's nicht.

Da gibt's nichts zu verstehen.

Es ist ein dummer Plan.

Jetzt warten wir, bis sie eine Vernissage machen! Und dann schleichen wir rein!

Is' doch klar!

Meinst du, ich sollte jetzt ein Barrett tragen?

Warum haben wir uns nicht einfach in dem Ding versteckt und uns hineintragen lassen?

Gut ...

Äh ... weitere Ideen?

Würmchen?

Ich heiß Susan ... Ähm. Ja. Wir müssen irgendwie am Wächter vorbei.

Ich wäre dir sehr verbunden, wenn du deine klägliche Existenz für den höheren Zweck opfern würdest ...

WAS SOLL ICH?!

GUCK MAL, SUSAN! WÄR DIESES BLUTIGE BANNER WAS FÜR DEINEN KOKON?

Ist nur'n bisschen Hirn dran.

WAS HAST DU DA AN?

Ist ganz süß.

Man nennt es „Statement Piece".

42

Eine Weile später ...

Tja, und so vierteilst du jemanden fachmännisch.

WOW.

Sonst noch Fragen?

Och ...

Du kannst auch mal das Schwert halten, wenn du möchtest.

Darf ich auch mal alleine das Tor bewachen?

Äh ...

OK.

Dann koch ich Kaffee!

NEIN.

Neineineinein.

HIER.

Bei meinem Henker-praktikum ...

... durfte ich nur Waffeln backen.

Ich geh jetzt zur Vernissage.

Und du bewachst das Tor! In einer halben Stunde bin ich zurück.

Ist das gerade wirklich passiert?

Ich denke schon?!

Gehen wir!

Wer spricht denn da?

Das war super, Huhn!

DA LANG.

Da geht's zu den Juwelen.

Da geht's zur Ankleide.

KRONJUWELE
STREICHELZ
METZGEREI

VERNISSAGE →

Ankleide?

Wir sind doch immer nackt, Susan.

Nein! Für die Seide. Für meinen Kokon. Damit ich mich verpuppen kann.

Deswegen sind wir hier.

Oh.

Wow.

HUHN!!

Hab ich's mir doch gedacht. Wenn's ernst wird, lasst ihr mich allein. Tolle Freunde seid ihr. Möchtegernhelden.

Und ich bin mal wieder allen egal! War ja klar!

SUSAN.

Wir können die Seide doch später holen!

Wollen wir nicht erst Molly helfen?

NEIN! Will ich nicht!

DU hast meinen Kokon zerstört!!

Wegen dir brauche ich die Seide doch erst!

Auf die halbe Stunde kommt es doch auch nicht an, oder, Susan?

Wir machen das noch mit der Seide – später, ja?

Weißt du ... mit Molly, da könnten wir ...

... echt was Großes bewirken.

Kopf hoch, Würmchen. Das wird schon. Du musst nur an Deine Träume glauben. Oder so. Wollen wir dann los?

52

Autsch.
Unangenehm.

Susan?

kriech

Jetzt komm
schon mit,
Huhn. Bis
die den
Korridor
geschafft
hat, ver-
gehen noch
Stunden ...

RAUP

RAUP

Das
stimmt ...

Hast du dir wehgetan, Susan?

Nee.

Bin ja gut gepolstert.

Ach, Susan ... Es tut mir so, so –

Schon gut.

Aber Susan, ich –

Du bist ja nicht schuld.

Ich hätte auch Nein sagen können ...

... und ich weiß ja, dass ich vermutlich nie ein Schmetterling werde.

Hast dich gar nicht verändert, Susan!

Es ist nur so schwer, das zu akzeptieren.

Aber vielleicht muss ich genau das tun. Akzeptieren, dass ich nun mal so bin ... und bleibe.

Ich wollte eigentlich nur sagen, dass mein Po so wehtut, weil ich auf den Dietrichen gelandet bin.

OCH DUUU!!!

SUSAN

Ich hab dich lieb, genau SO, wie du bist.

Ich helfe dir, ein Schmetterling zu werden. Und wenn es das Letzte ist, was ich tue!

Und wenn du irgendwann anders bist, dann eben so!!

Ich werd nass.

Hast du gerade Dietriche gesagt?

36 Versuche später ...

Das ging erstaunlich leicht. Wo sind denn alle?

Bei der Vernissage.

Ich sag doch, es ist ein guter Plan.

<AUSGANG
(SICHERE FREIHEIT)

THRONSAAL >

Molly wollte in den Thronsaal, oder?

Du willst DER immer noch helfen?

58

nechel

In Ordnung.

Weiter!

EY, du da!

Mach die Tür auf. Die Fröschin hier hat versucht, die Kronjuwelen zu stehlen. Soll der König entscheiden, was mit ihr passiert.

Sie stehen mir zu, du Lauch!

Na schön.

Der König steht gerade Portrait.

MOLLY!

Hinter- her!

Was? Nein!

Waruuum?

Moin, Huhn.

Stocki!!!

Du KENNST den Kerl, der mein ganzes Volk abgeschlachtet hat?!

Klar!

Das ist Stocki! Wir spielen dienstags immer Karten!

Warst länger nicht da.

Och ja. Hab Froschbach eingenommen mit dem Geld, das ich beim Skat gewonnen habe.

WOOW!

Das ist der Feind, also freu dich nicht für ihn!!

Oh, richtig. Danke, Susan.

Also, Stocki, wir bräuchten bitte die Kronjuwelen für die legitime Thronanwärterin.

Geht das?

Und vielleicht noch etwas Seide. Seide kann man immer gebrauchen.

WACHEN!!!

75

Und so ...